Monsieur B

La vérité sur les corses

ALBIN MICHEL BD

http://www.monsieurb.com

Conception graphique : Luc Doligez
Mise en couleurs : Sophie Dumas

Introduction

L'âme Corse

"Corse et âme ?!"

Laetitia Casta

DANS L'U-NIVERS, IL EXISTE DEUX SORTES D'INDIVIDUS : TOUT D'ABORD LES CORSES...
CIEL ! QUE MA MER EST BELLE !

...ET CEUX QUI RÊVERAIENT DE L'ÊTRE.
CIEL ! MA BELLE-MÈRE !!
DILONG
SUN

UN CORSE (MÊME DU CONTINENT) A DES RACINES ANCRÉES AU COEUR DE SA TERRE NATALE AUSSI PROFONDES QUE CELLES D'UN CHÂTAIGNIER.
T'ES NOUVEAU, TOI ? PAPIERS !!
CLAC CLAC CLAC

SA LANGUE (LE CORSICAN) VIVANTE ET RICHE CONTRIBUE À SCELLER SON APPARTENANCE À L'ÎLE DE BEAUTÉ.
C'EST QUOI C'MAGASIN CORSE QU'A MÊME PAS UN "FIGATELLU" EN RAYON ?!
SUPER-U

UNE ÎLE AU PASSÉ CHARGÉ, LOURD D'HISTOIRE ET DE TRADITIONS.
ET VOILÀ : UNE MAGNIFIQUE TÊTE DE MAURE
1

Corse un jour

"Moi j'ai été élue miss charcuterie !"

Maïté

LES PLUS VIEUX INDICES DE PRÉSENCE HUMAINE REMONTENT À 7000 ANS AVANT JÉSUS CHRIST.
?!

D'ABORD SOUS LA COUPE DES ROMAINS...
SUITE À L'ÉPOQUE "D'ASTÉRIX EN CORSE" FURENT ÉLEVÉS DE NOMBREUX MENHIRS !!
?!
...LA CORSE SERA OCCUPÉE DIX SIÈCLES PLUS TARD PAR LES PISANS ET LES GÉNOIS.
euh... vous êtes sûr que...
INSINUERIEZ-VOUS QUE JE SUIS UN MENTEUR ?
N'OUBLIEZ PAS L'GUIDE
CES DERNIERS FORTIFIERONT L'ÎLE, MAIS RIEN N'ENTAMERA L'IDENTITÉ D'UN PEUPLE...
RIEN À L'HORIZON !!
MÉFIE-TOI QUAND MÊME ... L'DANGER N'VIENT PAS QUE D'LA MER !!
...PORTÉ PAR PASCALE PAOLI, LE PÈRE DE LA NATION CORSE.
PFF, CES PIGEONS PARISIENS NE RESPECTENT RIEN !
PLIC!
ROU ROU

Un peu d'histoire

Corse toujours

"… Tu m'intéresses !"

Ludwig van Beethoven

LA SOCIÉTÉ TRADITIONNELLE CORSE DOIT AUX BERGERS SA COHÉSION.
ALORS, QUOI D'NEUF DANS LA MONTAGNE ?!
...

DANS UN ENVIRONNEMENT CLOISONNÉ PAR LE RELIEF, ILS ONT ASSURÉ LES ÉCHANGES ENTRE LES VILLAGES.
BÊEEH BEEEEH BE-ÉÉEH !!!
Je vois, je vois !!
AVEC LES SAISONS, SEULES LES FÊTES RELIGIEUSES RYTHMAIENT LA VIE PASTORALE
TU VIENS À LA MESSE DE MINUIT ?
ÇA DÉPEND, C'EST À QUELLE HEURE ?
LA PRÉPONDÉRANCE DU CATHOLISCISME ORGANISE DE NOMBREUSES MANIFESTATIONS COMME, PAR EXEMPLE, LES PROCESSIONS DE PÂQUES
POUF-POUF-ÇA-SE-RA-TOI-QUI PORTE-RA-LA-CROIX !!
PLUSIEURS CONFRÉRIES (cagoulées pour un souci d'égalité entre les membres) OFFICIENT ENCORE.
AARGH, ZUT ! ON S'EST TROMPÉ D'ROUTE !!
DEMI-TOUR !
!
3

Culture et tradition

"Se culturer, c'est bon pour ton neurone !"

Johnny

QU'ELLES SOIENT VOCALES OU GUSTATIVES, LES TRADITIONS CORSES SE PERPÉTUENT
REGARDE, CHÉRI, UN MOUTON !
NON, ÇA C'EST UN BERGER !

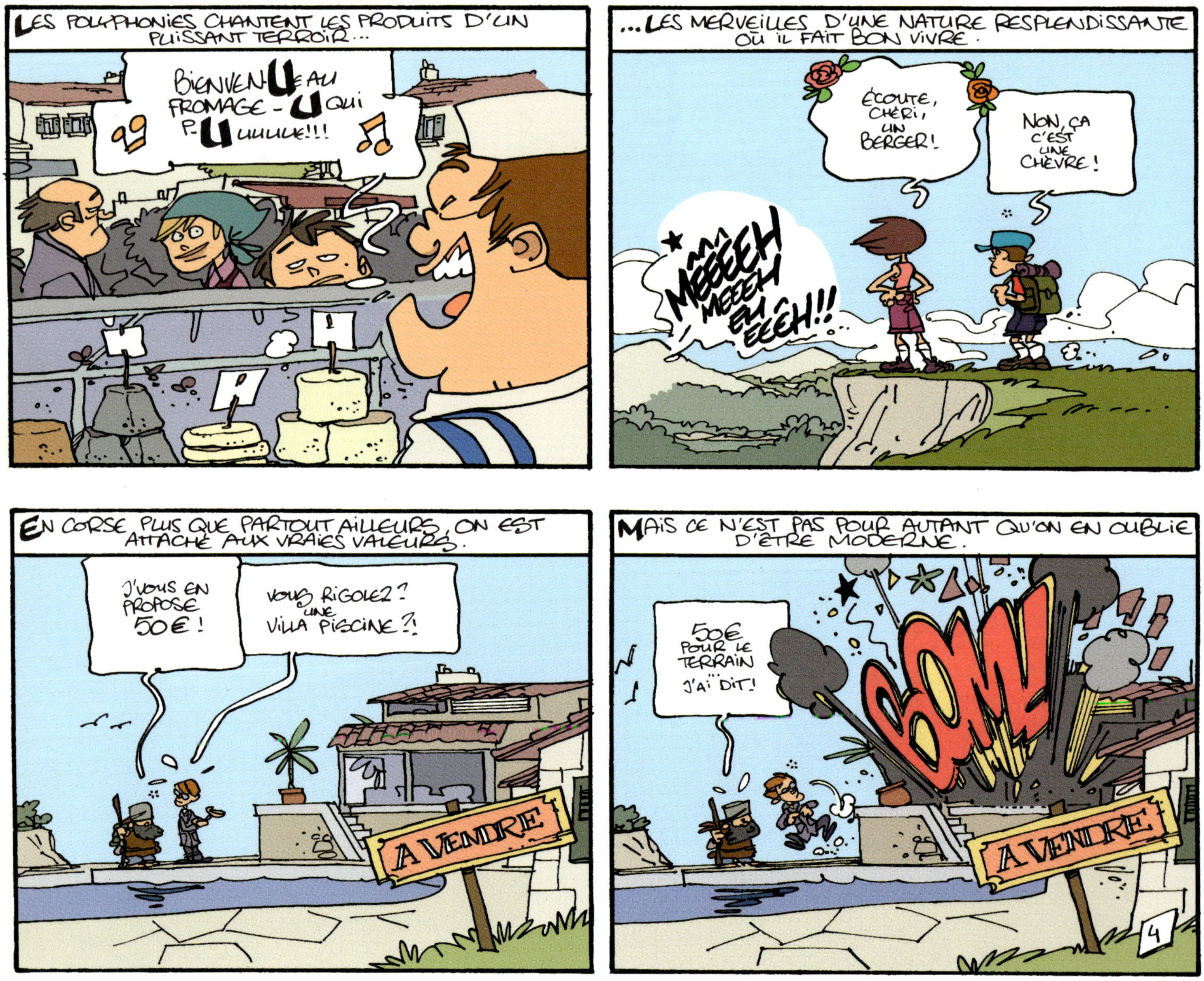
LES POLYPHONIES CHANTENT LES PRODUITS D'UN PUISSANT TERROIR...
BIENVENU AU FROMAGE-U QUI P-UUUUUE!!!
...LES MERVEILLES D'UNE NATURE RESPLENDISSANTE OÙ IL FAIT BON VIVRE.
ÉCOUTE, CHÉRI, UN BERGER !
NON, ÇA C'EST UNE CHÈVRE !
MÉÉÉEH MEEEH EUH ÉÉÉH !!
EN CORSE PLUS QUE PARTOUT AILLEURS, ON EST ATTACHÉ AUX VRAIES VALEURS.
J'VOUS EN PROPOSE 50€ !
VOUS RIGOLEZ ? UNE VILLA PISCINE ?!
A VENDRE
MAIS CE N'EST PAS POUR AUTANT QU'ON EN OUBLIE D'ÊTRE MODERNE.
50€ POUR LE TERRAIN J'AI DIT !
BOM !
A VENDRE
4

Un paradis écologique

"Ile jolie écolo de vacances !"

Pierre Perret

LE PEUPLE CORSE EST ATTACHÉ À SON PASSÉ, À SON PATRIMOINE. C'EST DE SES RACINES QU'IL PUISE SA FORCE
TU PRENDS RACINE ?
NON !... DES FORCES !
C'EST ÉCRIT AU DESSUS !

AVEC DES MOYENS DE COMMUNICATION MODERNE, LA CORSE A SU ÉVITER LE PIÈGE DE L'ISOLEMENT.
CORSICA FERRIES

FERRIES, AÉROPORTS ET RÉSEAU ROUTIER FACILITENT LES ÉCHANGES. LE TOURISME Y EST DÉVELOPPÉ.
BIENVENUE EN CORSE

L'ACCÈS AUX ÉNERGIES RENOUVELABLES DYNAMISE LES RÉGIONS PEU INDUSTRIALISÉES
REGARDE, CHÉRI, DES VENTILATEURS POUR PLANCHE À VOILE !!
...

ICI ON NE DÉBAT PAS ÉCOLOGIE, ON VIT NATURELLEMENT BIO. LE RESPECT DE L'ENVIRONNEMENT COULE DE SOURCE.
VOUS POUVEZ JETER VOS ORDURES, LES COCHONS S'EN OCCUPERONT !
Y'RESTE DES CHIPS ?
GLUPS !

Une nature luxuriante

"Bonzaï !"

Mimi Mathy

LES MASSIFS FORESTIERS ET LE MAQUIS VALORISENT L'ARRIÈRE-PAYS MONTAGNEUX
ALLEZ MON P'TIT POUCET, ON VA S'PROMENER?!
UI!

CHATAÎGNERS ET OLIVIERS Y ONT ÉLU DOMICILE GRÂCE NOTAMMENT À L'ABSENCE DE GEL.
HUILE D'OLIVE

LA CORSE EST L'ÎLE LA PLUS VERTE DE LA MÉDITERRANÉE. LES AGRUMES ET VIGNOBLES S'Y PORTENT À MERVEILLE.
VIN de Corse
35° à l'omb

LA PÊCHE N'EST PAS UNE ACTIVITÉ TRADITIONNELLE MAIS L'HUÎTRE CREUSE ET LA LANGOUSTE FONT TOUT DE MÊME PARTIE DU DÉCOR.
AÏE OUCH!! ...LA MÉDUSE AUSSI!!

1000 KILOMÈTRES DE CÔTES OUVRENT L'ÎLE SUR UNE GRANDE DIVERSITÉ DE PAYSAGES.
Désolé mais sur ma feuille de route, c'était pas inscrit: "troupeau d'chèvres en sortie d'virage"!!

Le tourisme

"Tiens, v'là des pigeons !"

La grippe aviaire

LE TOURISME FOURNIT PLUS DE 10% DES RICHESSES DE L'ÎLE.
HEIN?... LES AUTOCHTONES AUSSI DOIVENT PAYER L'TARIF VACANCIERS ?!
PROMO

IL EST VRAI QU'UN TEL LITTORAL OFFRE D'INNOMBRABLES OUVERTURES VERS CE SECTEUR EN PLEIN ESSOR.
COMPLET
MAIS ATTENTION ! JAMAIS UN CORSE N'ACCEPTERA DE VOIR SON ÎLE DÉFIGURÉE PAR DES PROMOTEURS IMMOBILIERS SANS SCRUPULES.
ICI BIENTÔT CONSTRUCTION D'UN COMPLEXE HÔTELIER
?!
SKRRR
LA PLAGE ET LES SPORTS NAUTIQUES SE PRATIQUENT DONC AVEC FERVEUR...
CHÉRI? TU VIENS DE HACHER UN CLUB DE PLONGÉE !!
...DANS L'ÉCRIN NATUREL QUE LES HABITANTS DE L'ÎLE DE BEAUTÉ ONT SU FAIRE RESPECTER.
ICI BIENTÔT DÉMOLITION D'UN COMPLEXE HÔTELIER

La rando

“Ouch ! Whaï !…Yaaa !!… malopiés !”

Nicolas Hulot

PARMI TOUTES LES ACTIVITÉS SPORTIVES ORGANISÉES EN CORSE, CERTAINES S'INTÈGRENT AU DÉCOR DE MANIÈRE NATURELLE.
S'CUSEZ-MOI, L'REFUGE DE CARRUZU ?!
JUSTE LÀ-BAS AU MILIEU DE L'INCENDIE !

À PIED OU À CHEVAL, LES RANDONNÉES EN SONT LE PARFAIT EXEMPLE.
ALLEZ, HUE ! HUE, DADA, HUE !
TU T'ES FAIT AVOIR, PARIGOT ! ON T'A REFILÉ UN ÂNE !!
CHACUN Y VA À SON RYTHME, DÉCOUVRE À SA GUISE LE PARC NATUREL RÉGIONAL DE CORSE.
GAGNÉ !! prem's !
TOUT AU LONG DU GR20 SE SUCCÈDENT DES PAYSAGES GRANDIOSES. AVEC DAME NATURE ON NAGE EN PLEINE SYMBIOSE
OH OUiiiii ! TU ES MON GUIDE À MOiiii !!
Refuge
INCOMPARABLE MONTAGNE ÉMERGEANT DE LA MER, LA CORSE EST UN CONCENTRÉ DE TOUT CE QU'IL Y A DE MIEUX SUR NOTRE PLANÈTE
ET VOILÀ, L'AVENTURE SE TERMINE
AH ?!... PASKEN PLUS J'DOIS RENTRER À LA NAGE ?!
PFOU
8

L'image d'Epinal

"C'est monstrueux !"

La bête des Vosges

PARLER DE LA CORSE EST FACILE, MAIS DE SON PEUPLE PLUS COMPLIQUÉ.
C'EST QUOI ÇA ? UN SANGLIER QUI GROGNE ?
NON !... C'EST UN CORSE QUI FAIT LA SIESTE !!
HUM ?
rigolo, mon ?
MONSIE
EN DÉDICAC

COMMENT EFFECTIVEMENT MENTIONNER LES CORSES EN ÉVITANT LES CLICHÉS.
PITIÉ, NE PLASTIQUEZ PAS MA MAISON ... J'VAIS TOUT GOMMER !!!
JURÉ !
MAIS NON ! J'AI JUSTE OUBLIÉ MES LUNETTES
MONSIE
EN DÉDICA
COMMENT RENDRE À NAPOLÉON CE QUI APPARTIENT À NAPOLÉON ? D'OÙ VIENNENT CES IDÉES REÇUES
POUAH !... C'EST CORSÉ !
RACISTE
HOT CHILI
PEUT-ÊTRE QUE LES CORSES ONT SOUVENT EU AFFAIRE À L'ENVAHISSEUR...
HEP, L'VIOC ! TU PEUX DÉGAGER D'MA PHOTO ?
...ENVAHISSEUR QUI (une fois bouté hors de l'île de beauté) A VÉHICULÉ D'EUX UNE IMAGE NÉGATIVE.
LÀ, C'EST L'SAUVAGE À QUI JE DOIS MES POINTS DE SUTURE !

Qui s'y frotte…

"… s'y pique !"

Le Sida

CERTES, IL N'Y A PAS DE FUMÉE SANS FEU, MAIS UNE GÉNÉRALISATION SIMPLIFICATRICE NE PEUT ÊTRE VÉCUE QUE COMME UNE PROVOCATION.
UN P'TIT SOURIRE ?
?!

MÉPRISES ET MALENTENDUS SONT SOUVENT SOURCE DE "ON DIT". L'EXEMPLE CORSE ILLUSTRE PARFAITEMENT CE PROPOS.
INFOS du MONDE
MIRACLE : LA CORSE BOSSE
UN DE NOS REPORTERS (AU RISQUE DE SA VIE) A SU IMMORTALISER CETTE VISION DE SCIENCE FICTION
NON, IL NE S'AGIT PAS D'UN MONTAGE PHOTO !

LA POLITIQUE FRANÇAISE D'ASSIMILATION DE L'ÎLE DE BEAUTÉ S'EST FAITE À LA FORCE DU POIGNET…

…REFOULANT UNE CULTURE ITALIENNE JUSQU'ALORS PRÉDOMINANTE.
MAQUÉ, NOS ANCÊTRES LÉ GAULOIS … VA BENÉ ?!
ÉCOLE

VOILÀ QUI A LARGEMENT CONTRIBUÉ À FAIRE PASSER LE PEUPLE CORSE POUR DE "FAROUCHES INDOMPTABLES". CETTE ÉTIQUETTE LEUR EST MAINTENANT COLLÉE À LA COUENNE.
10

Les clichés corses

L'honneur exacerbé

"Fier comme un bar tabac !"

PMU

DEPUIS LA NUIT DES TEMPS, LA VENDETTA A SES RÈGLES ET SES RITUELS (BASÉS SUR LA CROYANCE AU DESTIN ET AUX FORCES SURNATURELLES).
un jour tu vas mourir

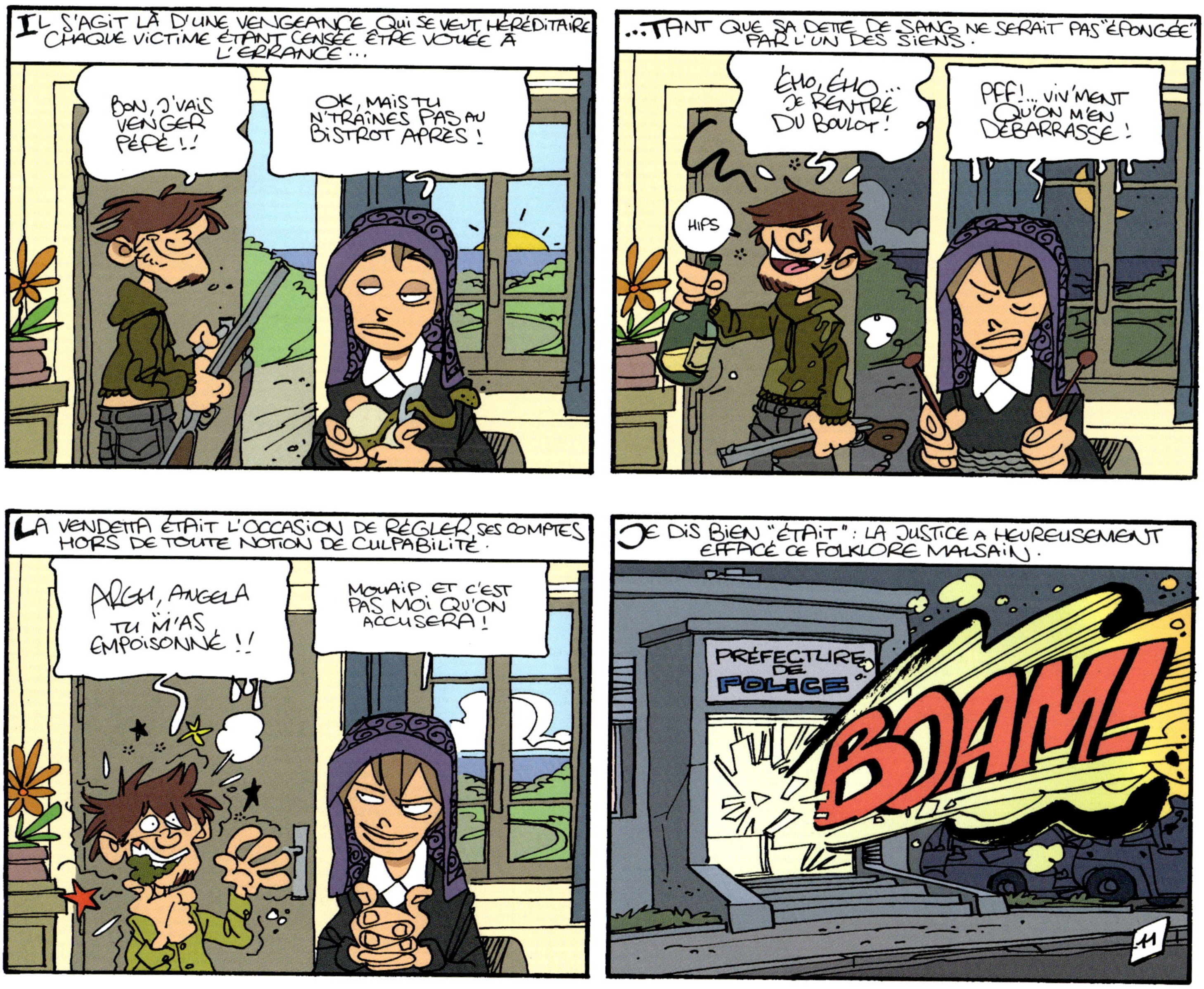

IL S'AGIT LÀ D'UNE VENGEANCE QUI SE VEUT HÉRÉDITAIRE CHAQUE VICTIME ÉTANT CENSÉE ÊTRE VOUÉE À L'ERRANCE...
BON, J'VAIS VENGER PÉPÉ !!
OK, MAIS TU N'TRAÎNES PAS AU BISTROT APRÈS !
...TANT QUE SA DETTE DE SANG NE SERAIT PAS "ÉPONGÉE" PAR L'UN DES SIENS.
ÉHO, ÉHO... JE RENTRE DU BOULOT !
HIPS
PFF !... VIV'MENT QU'ON M'EN DÉBARRASSE !
LA VENDETTA ÉTAIT L'OCCASION DE RÉGLER SES COMPTES HORS DE TOUTE NOTION DE CULPABILITÉ.
ARGH, ANGELA TU M'AS EMPOISONNÉ !!
MOUAIP, ET C'EST PAS MOI QU'ON ACCUSERA !
JE DIS BIEN "ÉTAIT" : LA JUSTICE A HEUREUSEMENT EFFACÉ CE FOLKLORE MALSAIN.
PRÉFECTURE DE POLICE
BOAM !

Italie, non merci !

"Et quand j'ai dit non, c'est non !"

Oui Oui

LES CORSES EUX-MÊMES ONT LONGTEMPS VÉHICULÉ L'IDÉE QU'ILS N'AIMAIENT PAS LES ITALIENS.
PULL!

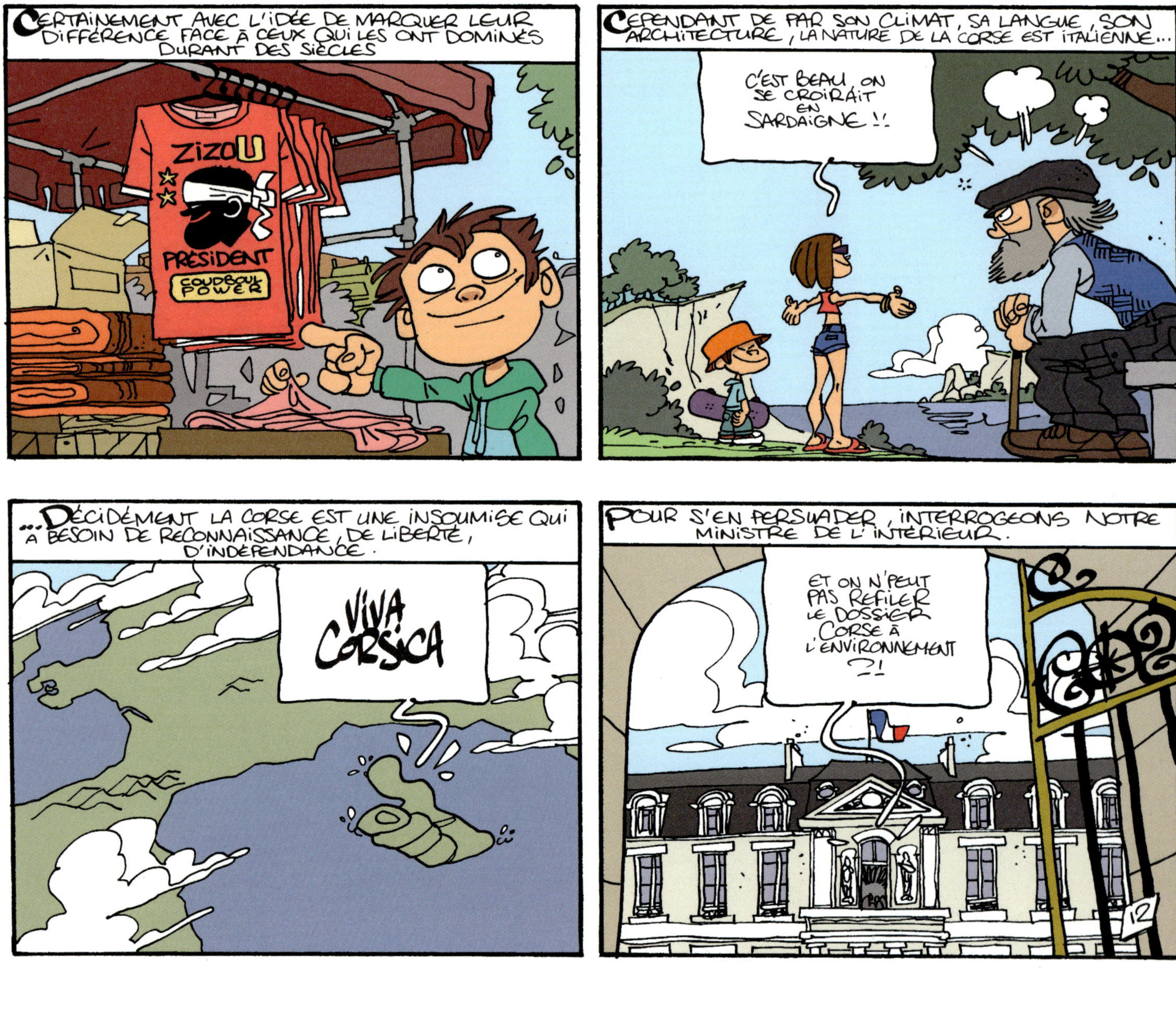
CERTAINEMENT AVEC L'IDÉE DE MARQUER LEUR DIFFÉRENCE FACE À CEUX QUI LES ONT DOMINÉS DURANT DES SIÈCLES
ZIZOU
PRÉSIDENT
COUDBOUL POWER
CEPENDANT DE PAR SON CLIMAT, SA LANGUE, SON ARCHITECTURE, LA NATURE DE LA CORSE EST ITALIENNE...
C'EST BEAU, ON SE CROIRAIT EN SARDAIGNE !!
...DÉCIDÉMENT LA CORSE EST UNE INSOUMISE QUI A BESOIN DE RECONNAISSANCE, DE LIBERTÉ, D'INDÉPENDANCE.
VIVA CORSICA
POUR S'EN PERSUADER, INTERROGEONS NOTRE MINISTRE DE L'INTÉRIEUR.
ET ON N'PEUT PAS REFILER LE DOSSIER CORSE À L'ENVIRONNEMENT ?!

Des enfants de Napoléon

"Ouais ! on n'est pas des manchots !"

La marche de l'Empereur

LES CORSES ONT UN ATTACHEMENT ADMIRATIF POUR LA RÉUSSITE DES ENFANTS DU PAYS.
ALORS, VOUS REMONTEZ LA RUE NAPOLÉON, JUSQU'À LA STATUE DE L'EMPEREUR, PUIS VOUS PRENDREZ LE BOULEVARD NAPOLÉON ET L'AVENUE BONAPARTE...
?!

BONAPARTE EST DEVENU UNE LÉGENDE SYMBOLISANT LA RÉVOLTE, LE POUVOIR, LA GLOIRE
BON, PROFITONS QUE L'ENNEMI FASSE LA SIESTE POUR PASSER À L'ATTAQUE !
RISK

NAPOLÉON EST CELUI QUI EST PARVENU AU POUVOIR SUPRÊME (CERTAINS LUI REPROCHERONT D'AVOIR NÉGLIGÉ SON ÎLE AU PROFIT DE SES AMBITIONS)
POUR RASSEMBLER MES MOUTONS, J'AI MON BON NAPOLÉON !
ARF!

AUTONOMISTES ET NATIONALISTES LUI PRÉFÉRERONT PASCAL PAOLI QU'ILS APPELLENT LE PÈRE DE LA PATRIE (BABBU DI A PATRIA)
AU NOM DU PAOLI, DU FILS ET DU SAINT-ESPRIT...
AMEN!!

EN 1755, PASCALE PAOLI A FAIT VOTER LA CONSTITUTION NATIONALE CORSE : LA CORSE A ÉTÉ LA PREMIÈRE RÉGION AU MONDE À SE DOTER D'UN ÉTAT DÉMOCRATIQUE.
BON, Y M'RESTE PLUS QU'À INVENTER LE MOTEUR À EXPLOSION !!

Un caractère bien trempé

Le méditerranéen

"Bienvenue au club !"

Trigano

L'HOMME CORSE PARTAGE (AVEC LES LATINS EN GÉNÉRAL) CETTE RÉPUTATION DE VIRILITÉ SÉDUCTRICE ET DOMINATRICE...
OH ... UN COLLIER ! T'AS FAIT DES FOLIES, MON CHÉRI !!
T'INQUIÈTE, RIEN N'EST TROP BEAU POUR TOI !!
... PIS' ILS M'ONT OFFERT LA LAISSE QUI VA AVEC !

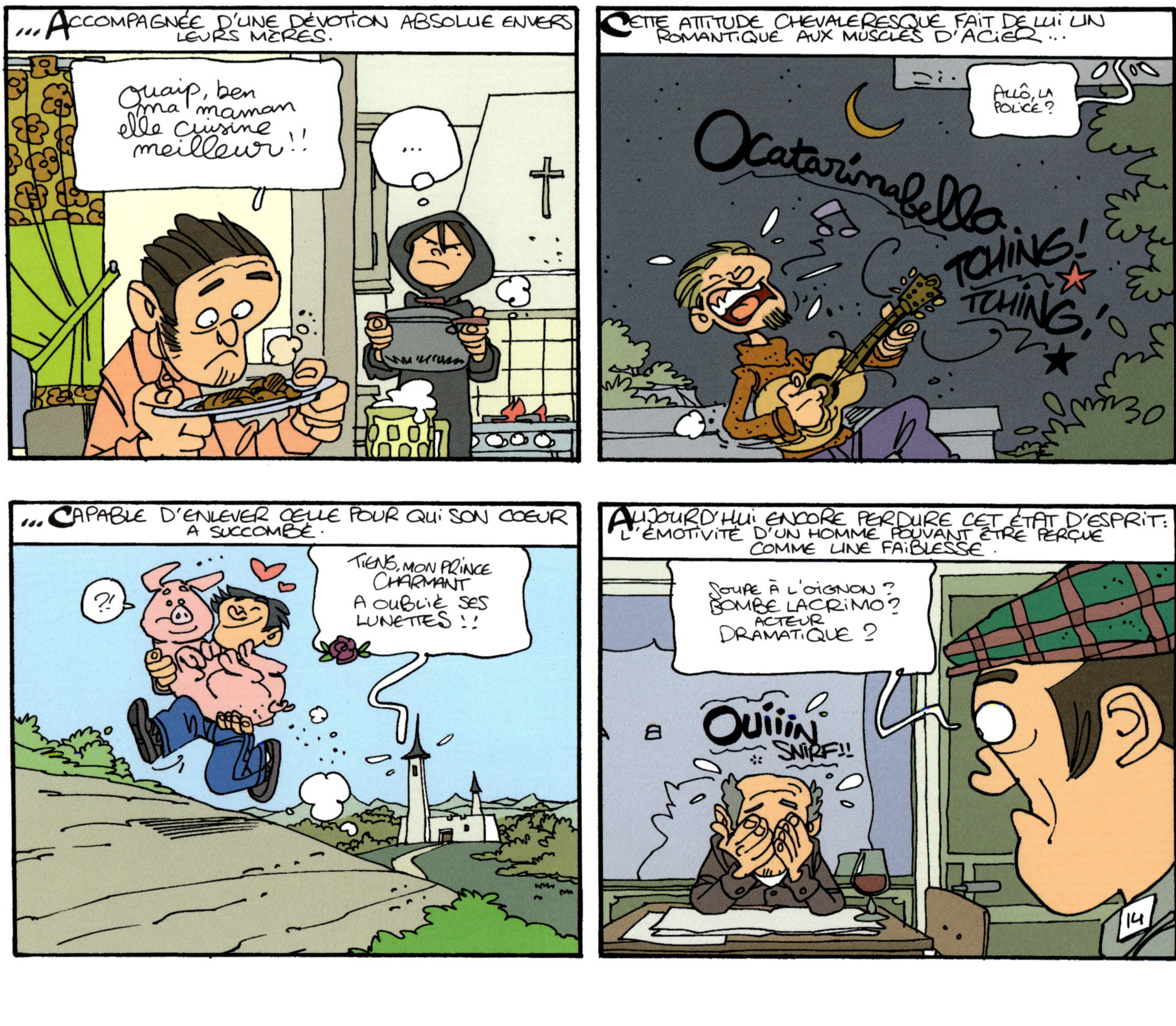
...ACCOMPAGNÉE D'UNE DÉVOTION ABSOLUE ENVERS LEURS MÈRES.
Ouaip, ben ma maman elle cuisine meilleur !!
...
CETTE ATTITUDE CHEVALERESQUE FAIT DE LUI UN ROMANTIQUE AUX MUSCLES D'ACIER...
ALLÔ, LA POLICE ?
Ocatarinabella
TCHING! TCHING!
...CAPABLE D'ENLEVER CELLE POUR QUI SON COEUR A SUCCOMBÉ.
?!
TIENS, MON PRINCE CHARMANT A OUBLIÉ SES LUNETTES !!
AUJOURD'HUI ENCORE PERDURE CET ÉTAT D'ESPRIT : L'ÉMOTIVITÉ D'UN HOMME POUVANT ÊTRE PERÇUE COMME UNE FAIBLESSE.
SOUPE À L'OIGNON ? BOMBE LACRIMO ? ACTEUR DRAMATIQUE ?
OUIIIN
SNIRF !!
14

Un caractère bien trempé

La méditerra-néenne

"Ma vie sera la tienne"

Hervé Vilard

EN CORSE LES FEMMES ONT TOUJOURS EU UNE IMPORTANCE PRIMORDIALE AU SEIN DES FAMILLES.
CE SERAIT POUR UN LAVE-VAISSELLE ET UN LAVE LINGE!
AH, MONSIEUR VIENT DE SE FAIRE LARGUER?
DARTY

AU FIL DU TEMPS, LA "MAMA" S'EST LIBÉRÉE, ÉMANCIPÉE ... MAIS A GARDÉ L'ESPRIT DE CLAN.
ELLE N'A RIEN VU NI ENTENDU
AH? ELLE EST SOURDE ET AVEUGLE?
NON CORSE!

PAR EXEMPLE : ELLE S'INVESTIT DANS LA POLITIQUE COMME AUCUNE AUTRE DE SES CONSOEURS DU CONTINENT
Ma femme est maire!
Kestu racontes? J'croyais que vous n'aviez pas d'enfants!!
ui meussieu!
HIC!
HOC!
Ça s'arrose!!

ELLE OSE S'OPPOSER AUX AFFRONTEMENTS SANGLANTS DES NATIONALISTES
IL FAUDRA M'PASSER SUR LE CORPS!
ÇA PEUT S'ARRANGER!

EN CORSE, PLUS QU'AILLEURS, LA FEMME EST L'AVENIR DE L'HOMME!
METS TA CAGOULE!
oui, bibiche!

Un caractère bien trempé

Chacun est unique

"À commencer par nous ! "

Les sœurs siamoises

SUR N'IMPORTE QUEL SUJET NOUS AVONS TOUS UN POINT DE VUE DIFFÉRENT. LES CORSES N'ÉCHAPPENT PAS À LA RÈGLE...
FAUX !... CERTAINES FONT L'UNANIMITÉ !

...PIRE, ILS EN RAJOUTENT : À GRANDS COUPS DE BRAVADES PROVOCATRICES, ILS AFFIRMENT LEUR PERSONNALITÉ, LEUR INDÉPENDANCE.
...
NON
LEUR FAMILLE, LEUR VILLAGE, LEUR ÎLE SERONT (VERBALEMENT) DÉFENDUS AVEC VIGUEUR.
PROMO
AH ! SOLIDARITÉ !
VIN CORSE nectar de Pinard CHAMPION DU MONDE !
CETTE PARADE EXÉCUTÉE SUR LE THÉÂTRE SOCIAL LES REND ATTACHANTS PUISQUE ENTIERS.
COMME VOUS DEVEZ L'AIMER POUR LE GARDER DANS UN TEL ÉTAT !!
?!
EXAGÉRER TEL "LE MARSEILLAIS" N'A D'AUTRE BUT QUE CELUI DE FAIRE INTENSÉMENT PARTAGER CE QUI TIENT À COEUR.
POUR SÛR QUE J'L'AIME... TU VEUX GOÛTER À SON JAMBON ?

Un caractère bien trempé

Le défenseur des libertés

"Moi, j'suis en tôles !"

Robocop

À FORCE DE REVENDIQUER, LE PEUPLE CORSE EST À MÊME DE MIEUX COMPRENDRE LES OPPRIMÉS...
TIENS, MOI AUSSI J'AI UN P'TIT CREUX !!
J'ai faim

...PAR EXTENSION, IL SAIT ÉCOUTER ET DONC SAURA MIEUX S'INTÉGRER
ALORS, CET ORAL DU BAC ?
IMPEC'... ILS M'ONT QUESTIONNÉ PENDANT DES HEURES ET J'AI RIEN DIT !

ACCUSÉ D'INDIVIDUALISME, LE CORSE A SU SE DONNER UNE GRANDE LIBERTÉ DE MANOEUVRE...
BON, BEN MOI J'VAIS COMMENCER PAR MES RTT !

...SURTOUT HORS DE SON ÎLE, OÙ IL FAIT PREUVE D'UNE EXCEPTIONNELLE FACULTÉ D'ADAPTATION.
FIGATELLI VOUS ÊTES VIRÉ !!

MAIS ATTENTION, IL NE S'AGIT PAS LÀ D'OPPORTUNISME MAIS BEL ET BIEN D'ÉTAT D'ESPRIT FRANC ET HONNÊTE !
ALLONS, MONSIEUR LE DIRECTEUR VOUS N'TENEZ PLUS À VOTRE RÉSIDENCE SECONDAIRE D'AJACCIO ?!
RELAX

Solidarité

"Main dans la main, vous voulez dire ?"

La Vénus de Milo

LA SOLIDARITÉ CORSE JOUE DANS TOUS LES MILIEUX PROFESSIONNELS ET D'UNE FAÇON PARTICULIÈREMENT EFFICACE DANS L'ÉMIGRATION.
LE CONTINENT S.V.P.

EN EFFET : OÙ QU'IL AILLE DANS LE MONDE, UN CORSE A TOUJOURS UNE CHANCE DE RENCONTRER UN COMPATRIOTE ...
ALORS COMME ÇA TU ES MISS CORSE ? TU CHERCHES DU BOULOT ?!
... COMPATRIOTE QUI L'AIDERA
TIENS, PRENDS MA PLACE !
?!
TU SAIS, MOI, DU MOMENT QUE J'GARDE MON SALAIRE !!
EN CAS DE SUCCÈS LE NOUVEL ARRIVANT FERA VENIR DES MEMBRES DE SA FAMILLE, DE SON VILLAGE.
ALLÔ, TRISTANA ? ... EUH, ÇA TIENT TOUJOURS TA PROPOSITION DE TE REJOINDRE ?
IL N'OUBLIERA JAMAIS L'AIDE QU'UN JOUR IL A REÇUE ET PERPÉTUERA CET ÉLAN DE SOLIDARITÉ.
ALLÉÉÉÉ ... JUSTE UN P'TIT COUP D'POUCE !!
SIOUPLÉ !
LE CONTINENT S.V.P.
18

Un caractère bien trempé

La loi du silence

“...”

Le mime Marceau

LES AUTORITÉS POLICIÈRES REPROCHENT AUX INSULAIRES LEUR REFUS DE COLLABORER AVEC LA JUSTICE.
C'EST CERTAINEMENT DÛ À UNE FUITE DE GAZ !
JE DIS !

LES JURÉS NE SONT PAS NON PLUS LÉGION À SE PROPOSER "SPONTANÉMENT" AUX COURS D'ASSISES.
COUPABLE !!
BIEN ÉVIDEMMENT ON PEUT CONCEVOIR QUE LA PEUR JOUE SON RÔLE DANS UN CONTEXTE DE VIOLENCES ET DE MENACES...
HUM, HUM ! ... VOUS SAVEZ QU'ON EST LÀ POUR VOUS PROTÉGER ?
HEIN ?
...
PARLEZ SANS CRAINTE !
...MAIS UN CORSE RÉAGIT PLUTÔT AU FAIT QUE LA DÉLATION EST UN ACTE HONTEUX.
...
PITIÉÉÉÉ... DITES QUELQUE CHOSE !!
DÉCIDÉMENT, L'ÎLE DE BEAUTÉ A L'HONNEUR EXACERBÉ !
ET VOUS ?... QUI VOUS PROTÈGE ?
CHOUETTOS TON KÉPI !
19

Un caractère bien trempé

Le poids des mots

“Des GROS mots, sans doute ?”

Carlos

"IN BOCCA CHJOSA UN C'ENTRE MOSHE" PEUT SE TRADUIRE PAR : "BOUCHE FERMÉE, LES MOUCHES N'ENTRENT PAS !
BZZZZ

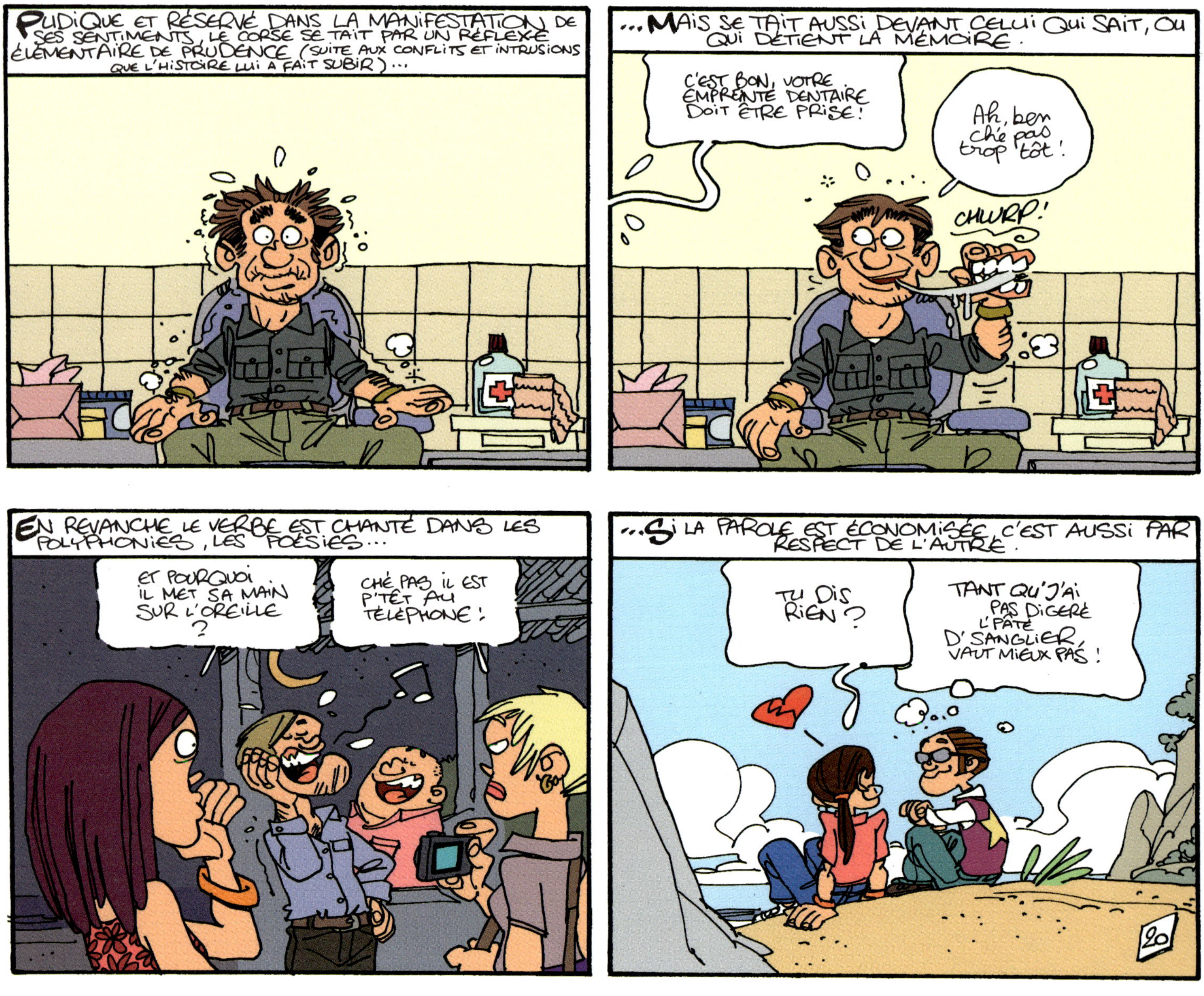
PUDIQUE ET RÉSERVÉ DANS LA MANIFESTATION DE SES SENTIMENTS, LE CORSE SE TAIT PAR UN RÉFLEXE ÉLÉMENTAIRE DE PRUDENCE (SUITE AUX CONFLITS ET INTRUSIONS QUE L'HISTOIRE LUI A FAIT SUBIR)...
...MAIS SE TAIT AUSSI DEVANT CELUI QUI SAIT, OU QUI DÉTIENT LA MÉMOIRE.
C'EST BON, VOTRE EMPREINTE DENTAIRE DOIT ÊTRE PRISE !
Ah, ben ché pas trop tôt !
CHLURP !
EN REVANCHE LE VERBE EST CHANTÉ DANS LES POLYPHONIES, LES POÉSIES...
ET POURQUOI IL MET SA MAIN SUR L'OREILLE ?
CHÉ PAS IL EST P'TÊT AU TÉLÉPHONE !
...SI LA PAROLE EST ÉCONOMISÉE, C'EST AUSSI PAR RESPECT DE L'AUTRE.
TU DIS RIEN ?
TANT QU'J'AI PAS DIGÉRÉ L'PÂTÉ D'SANGLIER, VAUT MIEUX PAS !
20

Un caractère bien trempé

Rions ensemble

“Ha, ha, ha !”

B.B.

L'AMOUR-PROPRE À FLEUR DE PEAU FAIT DU CORSE UN ÊTRE SUSCEPTIBLE
SI, SI, J'VOUS AI VU SOURIRE TOUT À L'HEURE !!

HORMIS LE SUJET TABOU DU RESPECT DE SOI, CELA NE L'EMPÊCHE PAS D'AVOIR LE SENS DE L'HUMOUR DÉVELOPPÉ.
ET CELLE DU CORSE QUI ARRIVE SUR LE CONTINENT, VOUS ...
WHA, HA, HA !!
... AH, VOUS LA CONNAISSEZ ?
L'IRONIE ET LA DÉRISION SONT SES TERRAINS DE PRÉDILECTION...
NON, J'ME MARRE RIEN QU'À L'IDÉE DE C'QUI VA T'ARRIVER !!
GLUPS !
... SURTOUT SI LA RAILLERIE DÉNONCE L'OPPRESSEUR, LE VANITEUX, L'IMPOSTEUR.
UN SEAU D'EAU ? ... C'EST D'UN COMMUN !
J'AVOUE ! ... SAUF QUE LÀ C'EST DE L'URINE DE BOUC !
BOSS
LES PLAISANTERIES SUR LEUR COMMUNAUTÉ SERONT MIEUX VÉCUES SI ELLES VIENNENT D'UN DE LEURS COMPATRIOTES.
MÉDECINE DU TRAVAIL
TU VOIS, J'TE L'AVAIS DIT QUE C'ÉTAIT UNE MALADIE !
HO, HO, HO !

Un caractère bien trempé

Les polyphonies corses

“J’aurais voulu être un artiiiiiiste !”

Steevy

DANS SA FORME POLYPHONIQUE, LE CHANT EST UN ÉLÉMENT PHARE DE LA CULTURE CORSE.
YOO-LOOO YOLOOOO

SORTE DE CHANT GRÉGORIEN PROFANE, LA "PAGHJELLA" EST CHANTÉE PAR UN CHOEUR À TROIS OU QUATRE VOIX.
AAAALAA-ALA
DANS UN REGISTRE MOINS "GRAVE" ELLE EXISTE AUSSI SOUS FORME DE BERCEUSE OU SÉRÉNADE.
OUIIIINN!
VACH', IL EST DOUÉ!
POÉTIQUE, ELLE EXPRIME L'ÂME DU PEUPLE CORSE...
AHALALAAA-OHAAL U-CHEAA...
...HANTÉE PAR LE SENTIMENT DU DESTIN ET LA PUISSANCE DES FORCES NATURELLES ET SURNATURELLES.
AA-SI OÔÔ
ARGH! ÇA M'APPRENDRA D'BRICOLER À L'HEURE D'LA SIESTE!
22

Parlons boulot

"Forêt de bouleaux ?"

Dominique Voynet

L'IDÉE REÇUE LA PLUS BANALE EST SANS AUCUN DOUTE CELLE QUE LA CORSE N'AIME GUÈRE TRAVAILLER.
TU VOIS, PETIT, LE SECRET D'UN VIE HEUREUSE C'EST D'AVOIR LA SANTÉ ET UN BON MÉTIER
... J'AI TOUJOURS ÉTÉ EN BONNE SANTÉ !

PARESSEUX ? CERTAINEMENT PAS ! LES HABITANTS DE L'ÎLE DE BEAUTÉ SAVENT BIEN CE QU'UN CLIMAT ARIDE IMPLIQUE.
...ET TA GRAND-MÈRE A EU UN BON MÉTIER !
LES TRAVAUX DE TERRASSEMENT, DE CULTURE, D'AGRICULTURE ETC. DOIVENT S'EFFECTUER AUX HEURES LES PLUS FRAÎCHES...
COKORICOOOO
DEBOUT... IL EST DÉJÀ 18°C !
...LEUR LABEUR COMMENCE DE BONNE HEURE.
PUNAISE ! AVEC TOUS CES TOURISTES, J'VAIS ARRIVER À L'HEURE DE LA SIESTE !
SE RÉSERVER EN MILIEU DE JOURNÉE UNE PAUSE EST ALORS PLUS QUE MÉRITÉ.
DEBOUT ! C'EST QUASI L'HEURE D'ALLER S'COUCHER !!

La vie vraie

"Menteur !"

Pinocchio

ET QUAND BIEN MÊME LE CORSE N'AIMERAIT PAS BOSSER (VOUS NE PRÉFÉREZ PAS LES VACANCES, VOUS ?), COMMENT POURRAIT-ON LUI EN VOULOIR ?
SONNEZ LA RETRAITE !!
COOL ! ... UNE RETRAITE ANTICIPÉE ALORS ?

POURQUOI SE MOQUER DE CELUI QUI PRIVILÉGIE LE BIEN-ÊTRE AU PARAÎTRE ...
HÉ BÉ, T'AS L'AIR CREVÉE !
... QUI APRÉCIE SON PROCHAIN POUR CE QU'IL EST PLUTÔT QUE POUR CE QU'IL FAIT.
MOI C'EST MOI ET TOI, TAIS-TOI !!
c'est celui qui dit qui y est !
OK ! ... COPAINS POUR LA VIE !!
U-BISTROT
EN CORSE ON EST PROCHE DE SES RACINES, DE SA TERRE. DES VRAIES VALEURS. EN CORSE L'AUTHENTIQUE PRIME ET SE DÉGUSTE.
ALORS, L'ASTICOT, TU R'VEUX UN BOUT DE BROCCIU ?
NON MERCI, ÇA IRA !
SAGE EST CELUI QUI SAIT ENCORE APRÉCIER CE QU'IL A.
ET SI ON FAISAIT RIEN ?!
OK... MAIS À FOND !!
24

La fuite des cerveaux

"Le mien ne risque rien !"

Sophie Favier

CELA DIT, LES CORSES SAVENT TRAVAILLER. QUAND ILS L'ONT DÉCIDÉ, ILS NE SONT PAS AVARES CÔTÉ EFFORTS

EN TÉMOIGNE (PAR EXEMPLE) LEUR SUCCÈS DANS LES UNIVERSITÉS OU CONCOURS DES GRANDES ÉCOLES.
et le premier prix revient cette année (encore) au petit Siméoni !!
MAIS CES RÉUSSITES (SCOLAIRES, INTERNATIONALES ET AUTRES) SONT À L'ORIGINE D'UNE AUTRE IDÉE REÇUE : "LES MEILLEURS SONT PARTIS !"
EH BIEN BRAVO, C'EST SYMPA POUR CEUX QUI RESTENT !!
BIENVENUE CHEZ OLIVIER
CERTES, POUR LES PLUS DOUÉS ET AUDACIEUX, L'ÎLE DE BEAUTÉ A SES LIMITES CÔTIÈRES...
...MAIS LEUR INFIDÉLITÉ N'EST QUE PROFESSIONNELLE : LEUR CŒUR BATTRA TOUJOURS AU RYTHME D'I MUVRINI !
UN JOUR J'IRAI À NIOU YORK AVEC TOUAAAA !
TU PRÉFÈRES PAS BONIFACIO ?

Vive l'administration

"Encore un cliché !"

David Hamilton

LES CORSES SE SONT SI BIEN INVESTIS DANS L'ENTREPRISE IMPÉRIALE QU'ILS EN ONT ADOPTÉ L'IDÉOLOGIE.
Si la "poche Napoléone" é ouné dé mé créationne !!

POLITIQUEMENT, ILS SERAIENT GLOBALEMENT À DROITE...
DROITE
GAUCHE
VOUS ÊTES ICI
...COMME PAR BESOIN DE PROUVER LEUR INTÉGRATION EN MANIFESTANT LEUR FIDÉLITÉ À LA FRANCE
DOUCE CORSE, CHER PAYS DE MON ENFANCE !
BEAUCOUP DE CORSES SONT FONCTIONNAIRES. MAGISTRATURE ET POLICE SONT LEURS VOIES DE PRÉDILECTION
J'ACCUSE LE COLONEL MOUTARDE AVEC LE CHANDELIER DANS LA CUISINE !!
2007
NOMBREUX ÉGALEMENT SONT CEUX QUI DEVIENNENT INSTITUTEURS OU DOUANIERS.
méoui, méoui l'écolë est finiiiiie !!
DRAiiiiNGG

Une histoire qui le rattrape

"Je sais !... c'est un bruit qui court !"

Julien Lepers

L'IDÉE QUE LE CORSE EST UN GANGSTER FAIT QUASI PARTIE DE LA PENSÉE COMMUNE
BONJOUR !... JE SUIS "PLASTIC BERTRAND" !!
SNIIIRF !
AH ?!... ET VOUS ÊTES CORSE ?

CETTE IDÉE A PRIS SA SOURCE DANS LES ANNÉES 30...
ALLEZ, HAUT LES MAINS ET BAS LES PATTES !!
BANK

...L'ÉPOQUE DES TURBULENCES POLITIQUES ET DE LA CRIMINALITÉ.
SALUT, ANGE ! ON FAIT MOITIÉ-MOITIÉ ?
A-TCHÂ !!
BANK

AUJOURD'HUI QUELQUES INDÉPENDANTISTES CONTRIBUENT AU FAIT DE COLPORTER CETTE IMAGE NÉGATIVE...
MAMAN, MAMAN !... J'SUIS INVITÉE À UNE BOUM !!
Chuuuut ! parle pas si fort !!

...MAIS AU BOUT DU COMPTE, CE N'EST PAS EN CORSE QUE L'ON BRÛLE LE PLUS DE VOITURES !
OUAIP ! ON A ASSEZ D'INCENDIES D'FORÊT !

Quand le continent s'en mêle

"Les pinceaux ?"

Philippe Candeloro

DANS LES ANNÉES 70 ON SE PENCHA SUR LES PERSPECTIVES DU DEVELOPPEMENT ÉCONOMIQUE DE LA CORSE.
U-U-U-U- STAYING ALIIIIIVE!!

LE CONSTAT FUT IMMÉDIAT : L'ÎLE ISOLÉE AU MILIEU DE RÉGIONS ÉMINEMMENT TOURISTIQUES EST DE TOUTE BEAUTÉ.
DEUX OPTIONS ÉTAIENT ALORS POSSIBLES : 1- LE TOURISME DE MASSE
2- LE DÉVELOPPEMENT INSULAIRE AVEC RESTAURATION DE L'IDENTITÉ CULTURELLE
CORS-AIR
VISIBLEMENT LE GOUVERNEMENT AURAIT CHOISI LA PREMIÈRE SOLUTION
BOAM!

Le juste choix

"Pile ou face ?"

Le roi des Francs

RAPIDEMENT LES AUTONOMISTES DÉNONCÈRENT LE CÔTÉ BALNÉAIRE QU'ON VOULAIT LEUR IMPOSER...
ET DANS LA CRIQUE SAUVAGE, ON POURRAIT CONSTRUIRE L'USINE D'INCINÉRATION !!
?!

... COMME UNE MODERNISATION CONÇUE POUR ASSERVIR PLUTÔT QUE SERVIR LEUR ÎLE.
CORSE
LES PROTESTATIONS ALLANT DANS LE SENS DES PRÉOCCUPATIONS ÉCOLOGIQUES ACTUELLES, LE PRINCIPE D'UN TOURISME INTÉGRÉ FUT "VOTÉ"
TIENS !... UN VACANCIER !
PARC RÉGIONAL NATUREL ET RÉSERVE MARINE HONORENT AUJOURD'HUI CEUX QUI ONT DÉFENDU LA CORSE.
TU PARS OÙ EN VACANCES
AU PARC "ASTÉRIX EN CORSE" !
WHAOUH... TROP D'LA CHANCE !
EN AYANT RÉUSSI À SE PRÉSERVER (ENTRE AUTRES) DE PROJETS IMMOBILIERS DÉVASTATEURS, LES CORSES ONT AGI EN VISIONNAIRES AU SERVICE DE LA PLANÈTE.
AAARGH... KESKILS ONT FAIT À MON ÎLE ?!...
T'INQUIÈTE ÇA C'EST LES BALÉARES !

Une réalité différente

“J’hallucine !”

Doc Gynéco

LES HANDICAPS NATURELS DE L'ÎLE RESTENT DIFFICILES À SURMONTER.
IL VOUS FAUDRAIT UN "TRACTEUR-DAHUT"... AVEC DES ROUES PLUS PETITES D'UN COTÉ !!
?!!

À CELA S'AJOUTENT UNE DÉMOGRAPHIE FAIBLE, VIEILLISSANTE ET UNE INSUFFISANCE DE MAIN-D'ŒUVRE QUALIFIÉE.
MINITEL-CAFÉ
SI EN OUTRE ON SURCHARGE LE CONTRIBUABLE D'UNE FISCALITÉ LOURDE ET INADAPTÉE...
SIGNEZ ICI !
HOULÀ ?!! C'EST EN ANCIENS FRANCS ?
...ON COMPREND MIEUX POURQUOI BON NOMBRE D'ENTREPRISES NE FRANCHISSENT PAS LA BARRE DES TROIS ANS D'ACTIVITÉ
SKI Shop
ALORS ?
BEN, TOUJOURS PAS D'CLIENT !
PROMO
SOLDE
LES RÉALITÉS DE LA CORSE ET DU CONTINENT SONT DIFFÉRENTES, IL SERAIT TEMPS QUE PARIS LE COMPRENNE.
ET POURQUOI ÉLEVER DES CHÈVRES ? CONTENTEZ-VOUS D'FAIRE DU FROMAGE !!
?!!
30

Combien ça coûte

“Des clopinettes !”

La Seita

POURTANT DANS LES RAPPORTS OFFICIELS, LA GÉNÉROSITÉ GOUVERNEMENTALE SEMBLERAIT AVOIR PLACÉ EN TÊTE LES DEUX DÉPARTEMENTS INSULAIRES.
TING
TING
TING
I ♥

MAIS NE SERAIT-CE PAS LÀ UN EFFORT CONSENTI SUITE À UN RETARD ACCUMULÉ DURANT PLUS D'UN SIÈCLE ?
UNE ÎLE, C'EST UNE ÎLE ! ... ACCORDEZ LE MÊME BUDGET QUE POUR OLÉRON !
bien, monsieur le président !

AUTRE DÉPENSE INÉVITABLE : CELLE DE LA LUTTE CONTRE LES INCENDIES.
APRÈS, J'VAIS EN PROFITER POUR ALLER ARROSER MA PELOUSE !!
ROGER, ROGER !
SACRÉ ROGER !
KSHHHHH !!

IL PARAÎTRAIT QUE LA CORSE COÛTE CHER À LA FRANCE...
500
500
500 EURO

...ET QUAND BIEN MÊME, UN TEL JOYAU N'A PAS DE PRIX !

L'impôt sur le revenu

"J'suis revenue, y a un pot ?"

Annie Girardot

AUTRE IDÉE REÇUE QUI FAIT BONDIR LES CORSES : SUR L'ÎLE DE BEAUTÉ, ON NE PAYERAIT PAS SES IMPÔTS !
Non, j'ai rien à déclarer !

À EN JUGER PAR LES AFFAIRES EN COURS DANS L'HEXAGONE, LA CORSE EST LOIN DE DÉTENIR LE MONOPOLE DE LA FRAUDE FISCALE...
À part que j'ai toujours préféré le liquide !!
HIPS !
...DES PRATIQUES ILLÉGALES ET DE LA CORRUPTION POLITIQUE.
SI ON TAXE PLUS NOS OPPOSANTS, ON POURRA S'OFFRIR UNE BELLE CAMPAGNE ÉLECTORALE
BONNE IDÉE
APPROUVÉ
OUAIIIS !!
MAIRIE
CERTES, HISTORIQUEMENT, LA NOTION DE DROIT EN CORSE A LONGTEMPS ÉTÉ LIÉE À DES RÈGLES COMMUNAUTAIRES LOIN DU CODE CIVIL FRANÇAIS.
ET ON PEUT PAYER EN NATURE ?!
euh, faut voir, pourquoi pas !!
MAIS, UNE FOIS DE PLUS, CETTE IDÉE VIENT DU PASSÉ ET EST COLPORTÉE PAR LES IGNORANTS.
ET VOILÀ L'TRAVAIL TOUT EN YAOURTS 100% NATURE !
eh bé, elle y va pas avec l'dos d'la p'tite cuillère !!

La Corse et le continent

I Francesci Fora

"À tes souhaits !"

Les All Blacks

AUX YEUX DU CORSE DE SOUCHE, LE FRANÇAIS EST LONGTEMPS RESTÉ SYNONYME D'ENVAHISSEUR.
JAMAIS TU NE TE MARIERAS AVEC UN FRANÇAIS, TU M'ENTENDS ?!
MÊME S'IL EST RICHE ?

CETTE CONNOTATION HOSTILE S'EST ESTOMPÉE LORSQU'IL EST DEVENU LE "CONTINENTAL"...
HEIN ? QUOI ? RICHE COMMENT ?
COMME LA CUISSE DE JUPITER...
MAIS ÇA T'FAIT UNE BELLE JAMBE ?
...UN CONCITOYEN, COMPAGNON DE TRAVAIL, UN PARENT PAR ALLIANCE.
MAIS NON, J'RIGOLAIS ! C'EST PAS SI GRAVE, ÇA PEUT S'GUÉRIR !!
IL S'APPELLE COMMENT MON FUTUR GENDRE ?
INGRID ! EN FAIT, C'EST UNE FILLE !
CERTAINS XÉNOPHOBES CRIENT ENCORE "I FRANCESCI FORA" (LES FRANÇAIS DEHORS)...
AAAARGH !!
EUH... DOIS-JE PRENDRE CELA POUR UN "OUI" ?
...MAIS N'ACCORDONS PAS DE CRÉDIT À UNE MINORITÉ ANIMÉE DE CRAINTES ANCESTRALES.
IL ÉTAIT UNE FOIS UN GRAND MÉCHANT GAULOIS...
CLAC CLAC CLAC
33

Indépendance ?

P'têt ben qu'oui, p'têt ben qu'non !

"J'suis d'accord !"

Gérard Lenormand

MAIS QUE VEULENT DONC LES CORSES ? SONT-ILS TOUS SUR LA MÊME LONGUEUR D'ONDES ?
SCHKRRRR
LES CORSES PARLENT AUX CORSES...
SCRRRR

VEULENT-ILS RESTER FRANÇAIS, EUX QUI SONT PLUS NOMBREUX SUR LE CONTINENT QUE SUR LEUR ÎLE ?
ET SI ON ON S'FAISAIT UNE SOIRÉE DÉGUISÉE CORSE ?
UNE SOIRÉE OÙ IL Y AURA PLEIN D'ABSENTS TU VEUX DIRE ?
EUX QUI, COMME FONCTIONNAIRES OU MINISTRES, SE SONT TANT INVESTIS DANS LA RÉPUBLIQUE.
EUH, MONSIEUR L'MINISTRE ... VOTRE CAGOULE !
EN DIRECT DANS 5 SECONDES 5...4...3 ...
HUM ?
REC
PRÉFÈRENT-ILS GARDER LEUR PARADIS DANS SA BEAUTÉ DE SANCTUAIRE INVIOLÉ...
WHAOUH ! ... LA NATURE C'EST TROP BÉTON
PAR CONTRE, SI J'VEUX RENTRER AVANT LA NUIT, FAUT QUE J'APPELLE UN TAXI !!
...OU RÊVENT-ILS DE DÉVELOPPEMENT ?
ET M... ! PAS D'RÉSEAU !
34

Indépendance ?

Respect, SVP !

“Sinon…”

Mike Tyson

PLUS QUE DE L'INDÉPENDANCE, LES CORSES DEMANDENT AUJOURD'HUI DE LA RECONNAISSANCE...
BONJUR, VOUS MÉ RÉCONNAISSEZ ?
BENETTON
TIENS, UN ITALIEN !
C'EST CELUI QUI JOUAIT DANS LES ENVAHISSEURS ?

...CAR TROP LONGTEMPS ON A DÉCIDÉ POUR EUX : SANS LES CONCERTER, LE COUPERET TOMBAIT
QUELQU'UN A DES NOUVELLES DE LA CORSE ?
BEN NON, IL PARAIT QU'ON LEUR A COUPÉ L'TÉLÉPHONE !!
S'ILS DOIVENT CHOISIR UN AVENIR AVEC LA FRANCE, CELA DOIT ÊTRE SOUS CERTAINES CONDITIONS...
JE VOUS MARIE POUR LE MEILLEUR ET POUR LE PIRE !
SEULEMENT LE MEILLEUR ! ON VIENT D'VIVRE LE PIRE !!
...DES CONDITIONS EN HARMONIE AVEC LEUR CLIMAT, LEUR CULTURE.
ET POUR LE BUDGET CHASSE-NEIGE/DAMEUSES, ON PEUT AVOIR AUT'CHOSE À LA PLACE ?
COMME TOUJOURS EN AMOUR, POSSÉDER N'EST PAS AIMER. À BON ENTENDEUR "SALUTU" !
JE T'AIME !!
OUI, MOI AUSSI JE M'AIME !!

La cocotte-minute

"Et pan, dans les dents !"

Kurt Cobain

LE PEUPLE CORSE EST UN PEUPLE À PART, AU TEMPÉRAMENT ... VOLCANIQUE !
TIC TAC TIC !

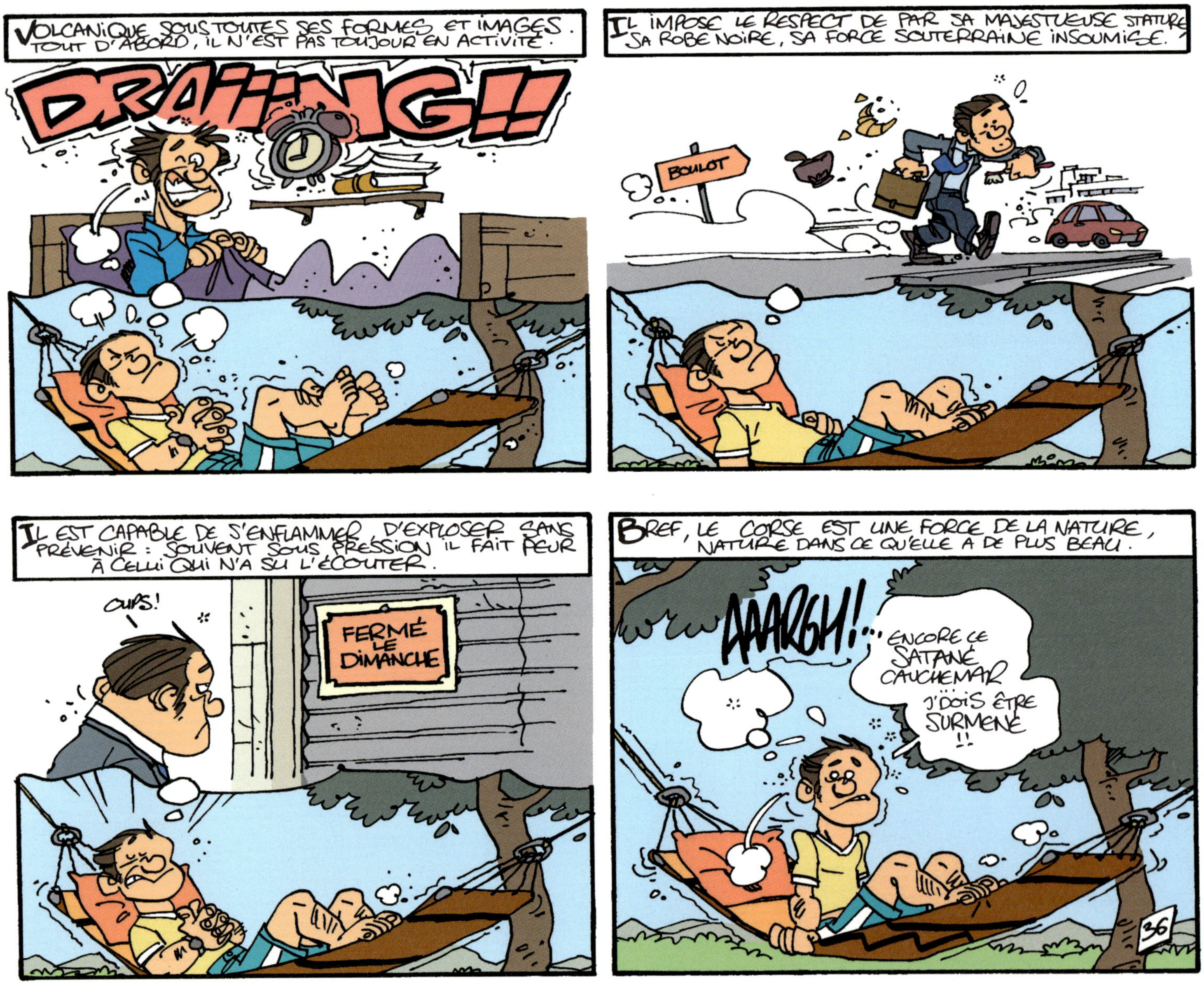
VOLCANIQUE SOUS TOUTES SES FORMES ET IMAGES. TOUT D'ABORD, IL N'EST PAS TOUJOUR EN ACTIVITÉ.
DRAIING !!
IL IMPOSE LE RESPECT DE PAR SA MAJESTUEUSE STATURE, SA ROBE NOIRE, SA FORCE SOUTERRAINE INSOUMISE.
BOULOT
IL EST CAPABLE DE S'ENFLAMMER, D'EXPLOSER SANS PRÉVENIR : SOUVENT SOUS PRESSION IL FAIT PEUR À CELUI QUI N'A SU L'ÉCOUTER.
OUPS !
FERMÉ LE DIMANCHE
BREF, LE CORSE EST UNE FORCE DE LA NATURE, NATURE DANS CE QU'ELLE A DE PLUS BEAU.
AAARGH !...
ENCORE CE SATANÉ CAUCHEMAR ... J'DOIS ÊTRE SURMENÉ !!

Un peuple à part

Et ça vous amuse ?

“Non !”

Jean qui rit

CE N'EST BIEN ÉVIDEMMENT PAS GRÂCE À UNE PLANCHE COMME LA PRÉCÉDENTE QUE L'ON ÉVITE LES CLICHÉS.
KritiK magazine
PLUS LOURD QUE BIGARD... MONSIEUR B.
Pardon !

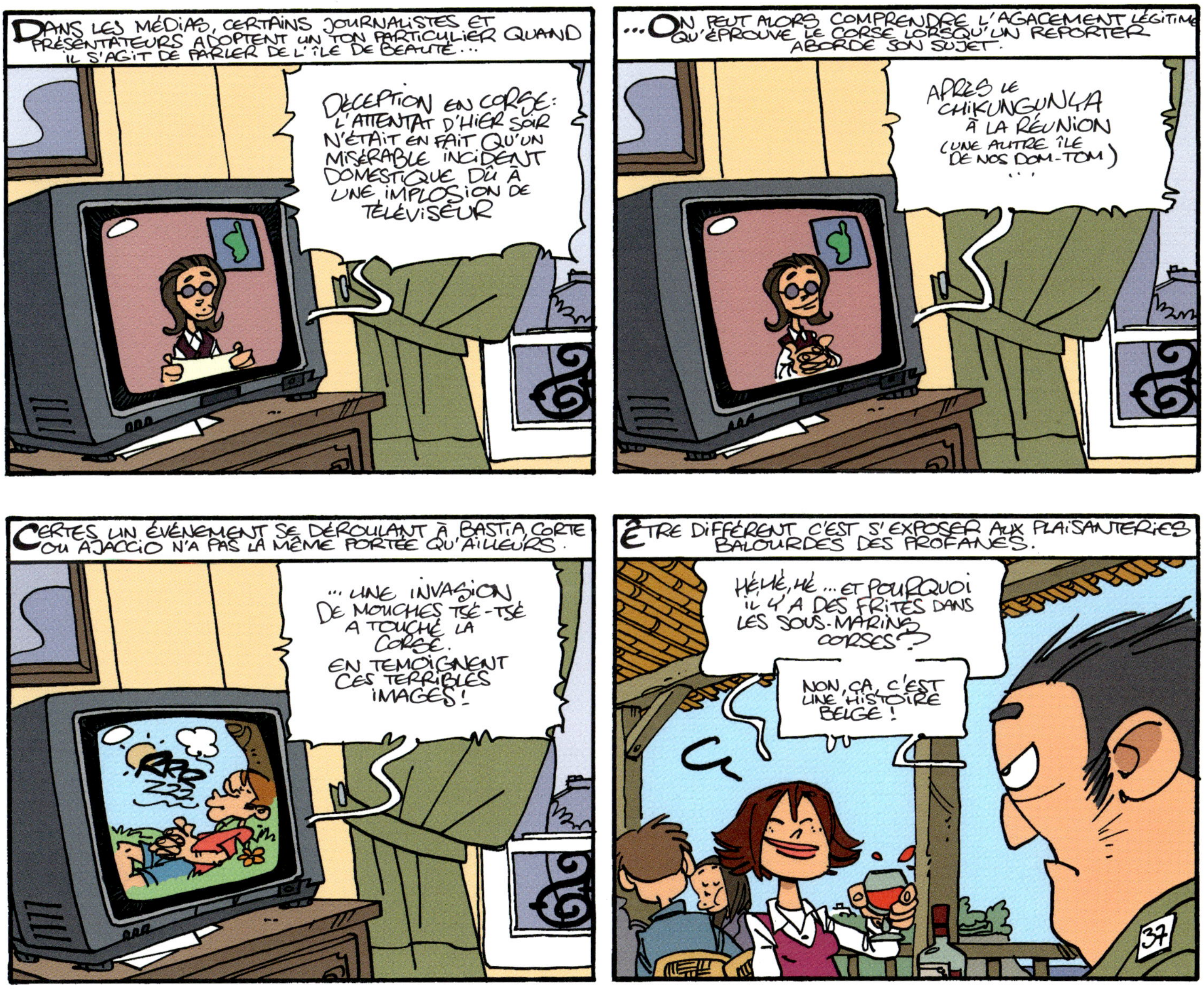
DANS LES MÉDIAS, CERTAINS JOURNALISTES ET PRÉSENTATEURS ADOPTENT UN TON PARTICULIER QUAND IL S'AGIT DE PARLER DE L'ÎLE DE BEAUTÉ...
DÉCEPTION EN CORSE : L'ATTENTAT D'HIER SOIR N'ÉTAIT EN FAIT QU'UN MISÉRABLE INCIDENT DOMESTIQUE DÛ À UNE IMPLOSION DE TÉLÉVISEUR
...ON PEUT ALORS COMPRENDRE L'AGACEMENT LÉGITIME QU'ÉPROUVE LE CORSE LORSQU'UN REPORTER ABORDE SON SUJET.
APRÈS LE CHIKUNGUNYA À LA RÉUNION (UNE AUTRE ÎLE DE NOS DOM-TOM)...
CERTES UN ÉVÉNEMENT SE DÉROULANT À BASTIA, CORTE OU AJACCIO N'A PAS LA MÊME PORTÉE QU'AILLEURS.
... UNE INVASION DE MOUCHES TSÉ-TSÉ A TOUCHÉ LA CORSE. EN TÉMOIGNENT CES TERRIBLES IMAGES !
RRR ZZZ
ÊTRE DIFFÉRENT C'EST S'EXPOSER AUX PLAISANTERIES BALOURDES DES PROFANES.
HÉ, HÉ, HÉ... ET POURQUOI IL Y A DES FRITES DANS LES SOUS-MARINS CORSES ?
NON, ÇA, C'EST UNE HISTOIRE BELGE !
37

Ainsi sont-ils !

"C'est émouvant !"

Jean qui pleure

IL N'EST PAS ICI QUESTION DE NIER LES TRAVERS ET DÉFAUTS DES CORSES.
ZZZZ
RRRR

LEUR CARACTÈRE SINGULIER ET EXCENTRIQUE LEUR AYANT TOUJOURS VALU D'ÊTRE OBSERVÉS DE TRAVERS
ZZZZZZ
RRRR !!

PÉTRI DE CONTRADICTIONS, CE PEUPLE NE CHERCHE AUCUNEMENT À SE FAIRE COMPRENDRE, NI À PLAIRE COÛTE QUE COÛTE.
RRR
ZZZZZ
RRR

VOICI PEUT-ÊTRE LÀ UNE FAÇON DE RESTER LIBRE.
ZZZZZ
RRRR

LIBRE ET FIER DE L'ÊTRE, LOIN DES JUSTIFICATIONS HASARDEUSES ET MALHONNÊTES
HÉ, OH !... ÇA SUFFIT, Y'EN A QUI BOSSENT !!
ZZZZZ
RRRRR
38

Un peuple à part

À chacun ses priorités

"… À droite !"

Nicolas Sarkozy

IL N'EN RESTE PAS MOINS QUE LA CORSE, PAR LES PROBLÈMES QU'ELLE SOULÈVE, FAIT PARFOIS SE QUESTIONNER LA FRANCE
VOUS ALLEZ ÊTRE CONTENTE : VOTRE DEMANDE DE MUTATION A ÉTÉ ACCEPTÉE !!
POUR PORTO-VECCHIO ?
PRESQUE ! POUR PORTE DE VERSAILLES !

UNE FRANCE, TENTÉE PAR LA MONDIALISATION, QUI, MOYENNANT FINANCES, SERAIT PRÊTE À VENDRE SON ÂME AU DIABLE.
TIENS, V'LÀ L'CANDIDAT ÉCOLOGISTE !!
L'ÎLE DE BEAUTÉ A SU SE PRÉSERVER DE L'ESPRIT LIBÉRAL ET LE CONTINENT LA JALOUSE.
VIVE MON USINE !
EN CORSE L'IDÉE DU BONHEUR N'EST NI MATÉRIELLE NI SYNONYME DE RÉUSSITE PROFESSIONNELLE.
VIVE MON OZONE !
ENSEMBLE FAISONS UNE PAUSE ET PROFITONS DE L'INSTANT PRÉSENT
le dessinateur sera de retour page suivante !
39

L'avenir corse

"C'est l'apocalypse… pas d'jaloux !"

Nostradamus

LE CARACTÈRE PARADOXAL DE LA CORSE RÉSULTE DE SON MÉTISSAGE HEURTÉ À SA CULTURE RENFERMÉE SUR ELLE MÊME...

...ET DU DÉSIR DE MODERNITÉ QUE VEUT LA FRANCE POUR SON PEUPLE.
N
AUJOURD'HUI, DANS UN MONDE QUI N'ADMET GUÈRE L'ISOLEMENT, LES CORSES DEVRONT TROUVER UN ÉQUILIBRE.
SPLAF!
PRÉSERVER SON IDENTITÉ ET S'OUVRIR À DES VENTS NOUVEAUX N'EST PAS INCOMPATIBLE...
VOUS AVEZ UN NOUVEAU MESSAGE !
ÇA M'ÉTONNERAIT L'FACTEUR EST DÉJÀ PASSÉ !!
CLIC
...IL NE S'AGIT PAS LÀ DE CHANGEMENT MAIS TOUT SIMPLEMENT DE CONTINUITÉ.
FROMAGES vente à la FERME
Bio
Bio
40

Un peuple à part

Les femmes corses

“Mais, où sont-elles ?”

Patrick Juvet

« LA CORSE, ÎLE DE BEAUTÉ » : QUOI DE PLUS FÉMININ ?
JE SAIS PAS, MOI ... EUH ... VINCENT MC DOOM ?!

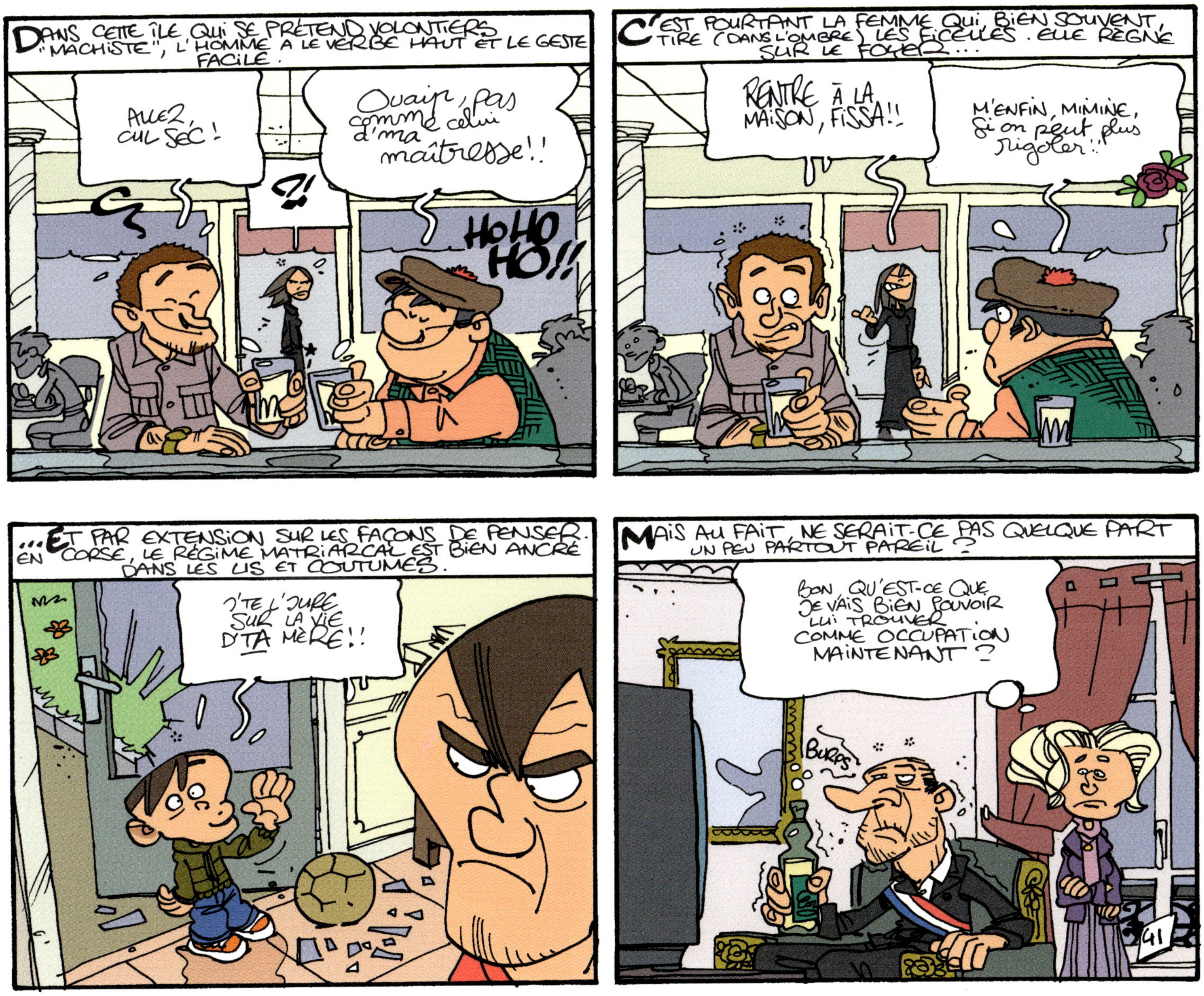
DANS CETTE ÎLE QUI SE PRÉTEND VOLONTIERS « MACHISTE », L'HOMME A LE VERBE HAUT ET LE GESTE FACILE.
ALLEZ, CUL SEC !
Ouais, pas comme celui d'ma maîtresse !!
?!
HO HO HO !!
C'EST POURTANT LA FEMME QUI, BIEN SOUVENT, TIRE (DANS L'OMBRE) LES FICELLES. ELLE RÈGNE SUR LE FOYER...
RENTRE À LA MAISON, FISSA !!
M'ENFIN, MIMINE, SI ON PEUT PLUS RIGOLER !!
... ET PAR EXTENSION SUR LES FAÇONS DE PENSER. EN CORSE, LE RÉGIME MATRIARCAL EST BIEN ANCRÉ DANS LES US ET COUTUMES.
J'TE L'JURE SUR LA VIE D'TA MÈRE !!
MAIS AU FAIT, NE SERAIT-CE PAS QUELQUE PART UN PEU PARTOUT PAREIL ?
BON, QU'EST-CE QUE JE VAIS BIEN POUVOIR LUI TROUVER COMME OCCUPATION MAINTENANT ?
BURPS

Pour aujourd'hui et pour demain

"Et pour les siècles des siècles !"

Amen

ON NE FAIT PAS LE BIEN D'UN PEUPLE CONTRE SON GRÉ DISAIT MA GRAND-MÈRE
T'INCRIRE À LA DANSE ? ÇA VA PAS NON ?! ...
UN GARS, ÇA FAIT D'LA BOXE, UN "POING" C'EST TOUT !
DU FOOT À LA RIGUEUR !

AUJOURD'HUI LA CORSE ACCUEILLE CHAQUE ÉTÉ PLUS DE TROIS MILLIONS DE TOURISTES...
EXCUSEZ-MOI, LE PONT POUR ALLER EN CORSE ?
SIOUPLÉ !
?!
...TOURISTES ÉMERVEILLÉS QU'ELLE NOURRIT DE SES SPÉCIALITÉS APPRÉCIÉES DE TOUS.
CHÉRI ? IL Y A UN VILAIN COCHON QUI MANGE L'SANDWICH DU P'TIT !!
!
CROC CROC !
DE FAÇON HÉSITANTE ELLE S'ACHEMINE VERS UNE FORME DE LARGE AUTONOMIE AUX CONTOURS ENCORE FLOUS
Corto Corto !
FRANCE
SI ON NE CESSAIT DE TOUJOURS LUI IMPOSER, LA CORSE SE SERAIT PEUT-ÊTRE DÉJÀ TROUVÉE !
FRAN
SMAK

Merci pour tout

“De rien !”

Arsène Lupin

RECONNAISSONS AUX MOUVEMENTS AUTONOMISTES LE FAIT D'AVOIR APPORTÉ À NOS AMIS CORSES LA CONSCIENCE DE CE QU'ILS SONT...
ZZZ

...AINSI EST NÉE UNE ÎLE MAGNIFIQUE, VÉRITABLE FILLE DE LA MER ET DES MONTAGNES.
CAP SUR L'ÎLE AUX TRÉSORS, MOUSSAILLONS !
VOUS VOULEZ DIRE "LA CORSE", CAPITAINE ?!
ESPÉRONS QU'AUJOURD'HUI LE MESSAGE EST PASSÉ...
RÉPÉTEZ APRÈS MOI...
APRÈS MOI !
...QUE POUR PRÉSERVER UN LITORAL QUASI SAUVAGE, IL N'Y AIT PLUS BESOIN DE SE FAIRE COMPRENDRE PAR LA FORCE.
MAIS NON, BANDE D'ABRUTIS !
ABRUTIiiii !!
UNE VIE PAISIBLE ET HARMONIEUSE DEMANDE UN MINIMUM DE RESPECT.
VOS BECS, LES PIAFS !... ARRÊTEZ D'M'INSULTER !
TUIT
TUIT
TUIT
43

En guise de conclusion

Viva Corsica

"C'est l'pied !"

Kikers

EH BIEN VOILÀ, NOTRE TOUR DE CORSE VA BIENTÔT SE TERMINER...
LIGNE DROITE SUR 20 m, PUIS 250 Km DE VIRAGES EN ÉPINGLE !!
?!

...RAPPELONS POUR CONCLURE QUE DANS L'"U"-NIVERS IL EXISTE DEUX SORTES D'INDIVIDUS : LES CORSES ET CEUX QUI RÊVERAIENT DE L'ÊTRE !!
ET ON R'GARDE QUOI D'BEAU CE SOIR ?
BEN, TF1 !
44

Impression : Pollina en juin 2007
SEFAM
22 rue Huyghens. 75014 Paris
N° d'édition : 25430
N° d'impression : n° L43761
Dépôt légal : juillet 2007
ISBN : 978-2-226-17737-7
Imprimé en France

BIENVEN
EN
CORS